手绘古人的一生

传说中的四阿哥

雍　正

SHOUHUI GUREN DE YISHENG

CHUANSHUO ZHONG DE SI AGE
YONGZHENG

陈　骁　编
宋思维　绘

江西美術出版社
全国百佳图书出版单位

爱新觉罗·胤禛（1678 年 12 月 13 日—1735 年 10 月 8 日），

年号雍正，史称清世宗。

在位十三年（1722—1735），

清朝定都北京后的第三位皇帝，康熙帝第四子。

《清史稿》：“圣祖政尚宽仁，世宗以严明继之。论者比于汉之文、景。”

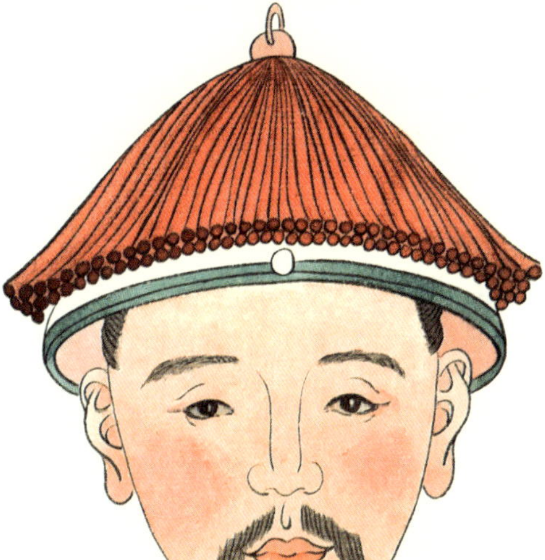

雍正

皇贵妃的养子

胤禛的生母乌雅氏是满洲下五旗镶蓝旗包衣，

内务府选秀中入宫为宫女。

康熙十七年（1678），

她在紫禁城永和宫生下一个男孩，

“皇四子也”。

此时的乌雅氏是位分较低的“常在”，

没有资格抚养皇子。

胤禛被抱给了皇贵妃佟佳氏养育。

在康熙原配皇后死后，

佟佳氏行掌管后宫之实。

膝下无子的皇贵妃视胤禛为己出，
胤禛无限依赖这位高贵的养母，
与生母乌雅氏疏离。

胤禛十岁时，

乌雅氏生下了皇十四子胤禵，

十年间她一步步升为妃位，

可以抚育幼子了。

八旗制度

清朝实行八旗制度。正黄旗、镶黄旗、正白旗归皇帝统领，称上三旗。镶白旗、正红旗、镶红旗、正蓝旗、镶蓝旗归各旗主王爷统领，称下五旗。

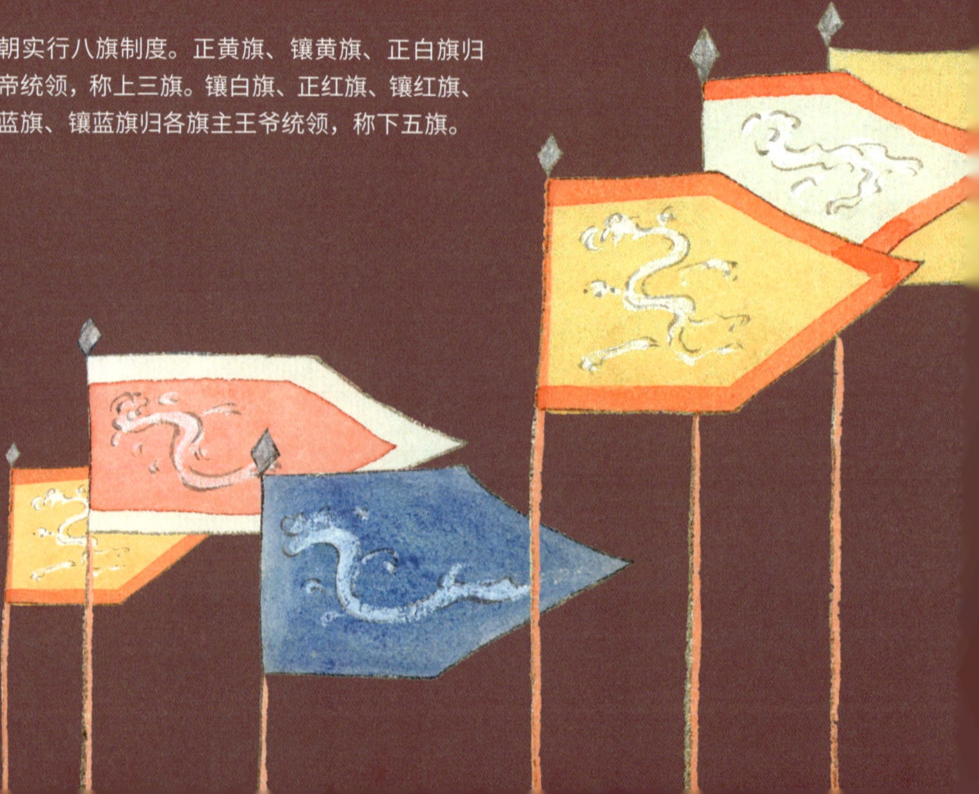

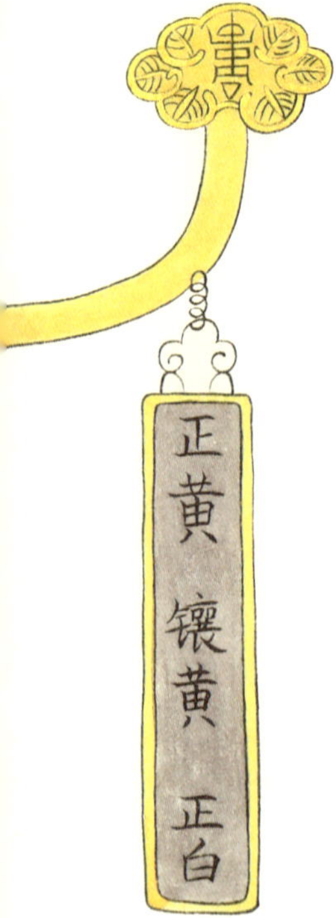

包衣，

满语“包衣阿哈”的简称，

指皇室与旗主家族的家奴。

包衣世代为奴，

所生子女也是包衣。

虽然出身卑微，但实际地位并不低，
原因是他们跟随的“老板”很牛。
在整个清朝，有不少包衣出身，
终成为封疆大吏的例子。

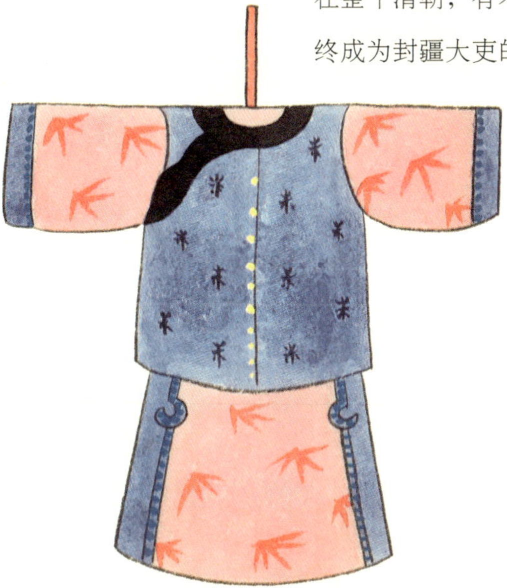

学习压力很大

康熙创造了世界上最严格的皇子学习制度。

五岁起，皇子们每天凌晨四点于上书房温习；

帝国的名儒和满汉精英凌晨五点来授课；

期间康熙可能来检查；

中午一点开始练书法；下午学骑射。

周而复始，一年中只休息五天。
而且谁也不能夸奖皇子学业，
康熙下过一道严旨：
“若有人赞之，朕即非之。”
康熙还鼓励皇子接触西洋科学：
天文仪器、农医测量，
甚至拉丁文、微积分。

康熙帝一生有二十四个儿子、八个女儿活到成年。

其中二阿哥胤礽为嫡子，

原配赫舍里皇后生下他就难产而死，

刚满周岁的胤礽就被立为皇太子。

老大胤禔武功高强；

老三胤祉悟性很高；

老八胤禩天生聪颖。

胤禛很快发现，在众多的兄弟里，

他哪个方面都不算出类拔萃。

四阿哥喜怒无常

胤禛十二岁那年，

养母佟佳皇贵妃去世，他失去了最重要的依靠，

而父皇的大部分闲暇时光被皇太子独占。

当他回望生母德妃时，

发现母亲对弟弟的爱远超自己。

失去了养母的庇护，

严苛的学业竞争使得青春期的

胤禛性格急剧变化，

轻率易怒，自卑佯狂。

十四岁时胤禛由康熙择配，

娶满洲正黄旗乌拉那拉氏为嫡妻。

康熙三十七年（1698）皇帝封大阿哥、三阿哥为郡王，

而胤禛只封了贝勒。

二十岁的胤禛在失落中感到无地自容。

他将父亲训诫的“戒急用忍”四个字写出来，

早晚观看，磨炼心性。

康熙：“四阿哥为人轻率，喜怒不定。”

清代后宫妃嫔称号

贵人
常在
答应
官女子

高手
从来不是天生的

随着太子年长，

以索额图为首的“太子党”势力崛起，

隐隐与皇权对立，

明珠一派的“大阿哥党”也是一股势力。

这最终导致了父子感情的恶化，

康熙圈禁大阿哥、废胤礽太子位。

此后老八胤禩在朝臣、兄弟间广获支持，

企图谋取储位，被康熙当众怒责。

接着胤礽的太子位再立再废，最终被彻底遗弃。

争储大戏的序幕既然拉开了，又岂能中途落幕？

老皇帝痛苦地发现事态无法控制，

皇子们几乎都或主动或被动地卷入其中。

风向多变，帝心难测，

依靠着出众的悟性和耐力，

权斗场上的四阿哥或许正在一步步向高手晋级。

“这是把皇宫当成狩猎场了？”

天下第一闲人

立储是皇帝的绝对权力，

皇帝喜欢谁就立谁，

任何人不得染指！

康熙发出警告：

“诸阿哥如有钻营谋为皇太子者，即国之贼，法断不容。”

然而老八、老九、老十、老十四仍旧结为一党，暗中活动。

康熙先发制人，
宣布与八阿哥胤禩断绝父子关系，
于是“八爷党”内部又分化了出征
西北的“大将军王”老十四胤禵。

在一片乱哄哄中，

四阿哥独善其身，

在府里闭门谢客，

耕地种菜，参禅论法，

自称“天下第一闲人”。

“做皇帝是件大苦的事情，我避之不及。”

同时胤禛对老父亲复杂的内心体察入微，

极力表现出对父皇的孝顺。

康熙四十八年（1709）胤禛被封为和硕雍亲王。

康熙说：“惟四阿哥，朕亲抚养，

幼年时微觉喜怒不定，至其能体朕意，

爱朕之心，殷勤恳切，可谓诚孝！”

出乎意料的大位继承人

康熙六十一年十一月十三日（1722 年 12 月 20 日），

六十九岁的康熙帝在畅春园病危，

急召正在南郊天坛替父祭天的雍亲王胤禛，

并召七位年长的皇子到御榻前。

理藩院尚书兼步军统领、警卫畅春园的大臣隆科多宣布了康熙遗言：

“皇四子胤禛人品贵重，深肖朕躬，

必能克承大统，着继朕登基，即皇帝位。”

消息一出，几乎惊呆所有人。

毕竟八爷党运作多年，朝廷官员多有拥簇。

老十四被认为是夺储的最大热门，

万万没想到杀出一匹黑马。

阿哥们早就抱团勾心斗角，

老皇帝生前都压制得够呛，

等他一死，谁又能服谁呢？

当时朝鲜大臣就预测：

“康熙死后，兵乱可翘足而待。”

清代皇室爵位

清代皇室爵位分十二等，前六等分别是：和硕亲王、多罗郡王、多罗贝勒、固山贝子、镇国公、辅国公。

教科书式的权斗牌面

然而淡泊无为的四阿哥转身就不动声色地稳住了局面。

牌局已毕，

众位阿哥这才看到胤禛手中的底牌：

康熙临终顾命大臣隆科多亲守九门，

使京城固若金汤；

川陕总督年羹尧掌握胤禵西北大营
的粮草命脉，火速率领精锐逼近；
封八阿哥、十三阿哥为亲王并总理
事务大臣，同时召十四贝子回京奔丧，
顺势解除了他的兵权；

迅速开仓平易京城米价，以防民变。

短短几日，

一切都尘埃落定了。

期间，准新皇帝只是哀哀在父皇灵前哭得死去活来罢了。

你们都得改名字了

储位之争，其实也是不同政治纲领及其派别之争。

八阿哥以仁义为号召，主张维持现状，少生事。

四阿哥主张严厉政治，恩威并济，对违法者绝不宽容。

一生崇尚仁政的康熙对自己晚年朝政的吏制混乱、

腐化亏空心知肚明，

他需要一个威厉刚猛的后继者来守住大清的江山。

康熙六十一年十一月十九日（1722 年 12 月 26 日）京城九门开禁，

第二天，四阿哥胤禛登太和殿称帝，

次年改年号为“雍正”。

从此，他的兄弟们必须改名避讳，

再也不能使用“胤”字了。

始终如一的
心理战高手

对于独裁君主而言，他没有兄弟。

如果有，也只能是老十三那样恪守君臣本分、

鞠躬尽瘁的弟弟。

回宫的十四贝子初次谒见新君时傲慢地以家礼相见，

雍正冷冷责问：“这是谒见天子之礼吗？”

夹在两个仇人般的亲儿之间，
德妃明显偏向小儿子，
她不太愿意做太后，
也拒绝搬到太后居住的寿宁宫。
几个月后太后突然得病，
死在了永和宫。

与注定不会对自己心服口服的兄弟们进行的心理战中，
倔强的老八允禩、老九允禟最终不是雍正的对手，
或失去分寸、或情绪激动，行为举止露破绽，
被始终冷静如一的雍正各个击破，
改名“阿其那”“塞思黑”直至羞辱逼死。

而痛失慈母、爱妻病死的老十四
允禵心理防线崩溃，
硬汉低头，总算留了一命，
与老十允䄉一样被圈禁。
至此，康熙末年开始的阿哥党争
统统被雍正扫地出门。

“朕是在藩邸阅历世情四十五年，

备尝世间辛苦才成为天子的四阿哥。

朕非生长深宫之主，

若怀轻朕之心，恐将来噬脐莫及！”

铁腕 政治家

雍正元年（1723）一月一日皇帝

发上谕，

训诫上至一品总督、

下至七品知县的为官要务，

杜绝“名实兼收”的败坏风气，

这是新皇帝的执政宣言。

面对老爹留下来的烂摊子：

西北耗费巨大的边境战争，

国家财政濒临破产边缘，

积弊已久的官员上下贪腐，民不聊生，

雍正要立新规矩。

他取消了新皇登基推恩的惯例，

取而代之的是雷厉风行地整顿吏治，

清理国库亏空。

康熙在位六十一年，

去世时的大清国库存银仅为八百万两，

雍正在位十三年，

去世时的大清国库存银为六千万两，

国家财政收入翻了 7.5 倍。

“世俗官常自宋元以来，其流弊不可问矣，朕欲竭力挽回千百年之颓风！”

秘密建储

雍正吸取康熙后期“夺嫡纷争”的教训，

决定不设皇太子。

雍正元年（1723）即将传位诏书密封锦匣

于乾清宫“正大光明”匾后，

待皇帝驾崩，

再取出诏书宣布皇位继承人。

正大光明
聖

“自古皇太子多不孝。”

此后的清帝王一直遵循这个妙招，

清代因此没出现过太愚蠢的皇帝。

皇子们想要成为储君，

就必须不断提升自己，

让父皇满意。

独裁君主是无法真正拥有家庭生活的，

无论何时何处都只剩下君臣关系。

雍正后宫的妃嫔不多，

秘密立储时皇子只有三位，

其中四阿哥弘历是康熙和雍正都看好的继承人。

圣心独裁

雍正二年（1724）七月，

皇帝颁布了《御制朋党论》的敕文，痛斥宋代

欧阳修“君子之朋有利于国”的观点。

天子通过官僚才得以统治万民，成为独裁君主，

而官僚机构也会制约君主独裁。

天下的政治表面上是以皇帝的名义运行的，

实际却有可能被官僚组织中盘踞的大小结节，

即政治寡头玩弄于股掌。

所以无论是科举出身的师生同年、文官清流，

还是清代贵胄、王爷阿哥都不能结党抱团。

就是平定青海、有着君臣知遇之恩的

“大清恩人”年羹尧一样也被削官夺爵，

赐令自尽。

“设修在今日而为此论，朕必诛之以正其惑世之罪。”

清沿袭明制，地方行政分省、府、县三级。

总督、巡抚为一方大员；

之下为布政、按察、驻防将军和提督学政；

省以下有道的设置，为监察区性质；

省之下为府，设知府、同知、通判；

府以下为县，设知县、县丞。

天子如同轴心一般，把所有人集中于一点，

雍正绝不允许其他轴心的存在。

工资透明的职业公务员

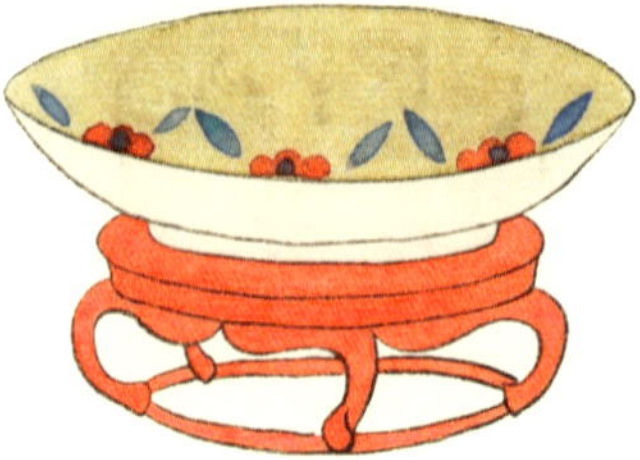

雍正皇帝的新政“耗羡归公”，

是中国古代地方财政预算的开始。

将地方官私收的“耗羡”附加税改为法定税，

规定比例上交，再由朝廷分配地方，

避免了官员任意摊派百姓、中饱私囊。

同时雍正采取高薪养廉的办法来解决官员

俸禄太低、无法维持衙门办公开支的问题。

当时地方最高级的总督年俸禄是一百八十两。

而直隶总督的养廉银是一万五千两，

两江总督是三万两，

同时明令取缔陋规加派，

禁止上下级送礼和外官向京官馈赠。

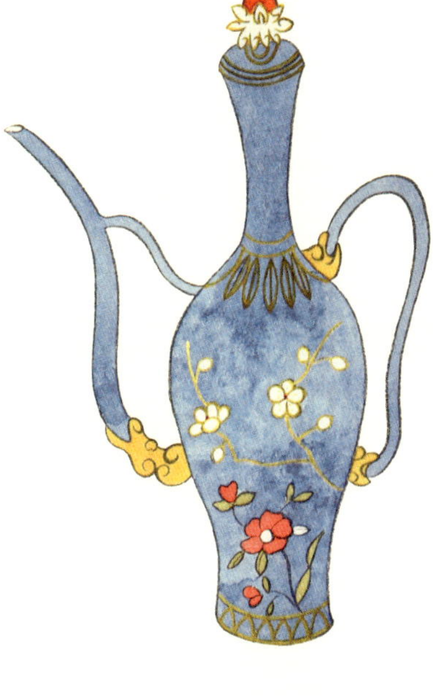

耗羡

地方官征税时会以耗损为由多征钱银。
官府收到的地丁碎银要加工铸熔成符合要求的银锭上缴国库，
在熔化、铸造、运解过程中就会有火耗。
征纳运京的米谷，
被雀鼠偷食损耗，
称为“雀鼠耗”。

雍正在位期间一直保持严厉打击贪腐的姿态，

他自己也以身作则，很节俭，

没有去过北京以外的地方巡游。

雍正帝开创了一个试图将国家引入近代轨道的时代。

“朕事事不如皇考，惟有洞悉以下情处，
则朕得知以亲身阅历而皇考当日未曾阅历者。”

实行了两千多年
的人头税被废了

“摊丁入亩”就是把古来的丁役银（即人头税）合并在田赋银（即土地税）中的赋税制度。宋代税收是两税法，明代张居正的“一条鞭法”中把部分丁税摊入田税中。

康熙后期土地兼并严重，

雍正废除了自西汉以来的人头税，

严令地方政府查清各处地亩多少，

按亩均摊税赋。

由于征税的对象是土地，

田多者多交税，田少者少交，

无田者不交，

是谓“益贫损富利国”。

“摊丁入亩”还使得官绅

减免赋役的特权不复存在，

再加上推行“士绅一体当差纳粮”政策，

缓和了阶级矛盾，人心思定，

大清至此坐稳了江山。

摊丁入亩直接导致了人口爆炸性增长。

乾隆五年（1740）全国人口突破一亿，

乾隆五十七年（1792）突破三亿，

道光十四年（1834）突破四亿。

道光十年（1830）世界人口为十亿，

中国超过 40%，

奠定了人口大国的基础。

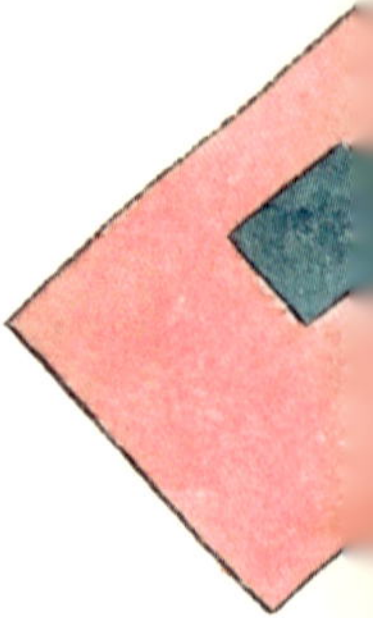

万民应该平等

在雍正的理想中，官僚只不过是为了工作而被驱使的道具罢了，

特权阶层的存在本来就不合理，

所谓特权仅指天子一人所拥有的独裁权，

天子以外的万民有平等的价值。

因此他实行了“除豁贱民”的仁政：

山陕的乐户、江浙的惰民、九姓渔民、广东獭家等等都“俱令消除贱籍”。

至此由宋、元、明三代沿袭而来，

“永操旧业，不得翻身”的贱民们一律准许出贱从良。

“令下之日，人皆流涕。”

改土归流

土司制始于元朝，是古代羁縻政策的产物。明朝中后期土司制“尾大不掉”，很不安定，而且土司辖内横征暴敛，把属民视作奴隶牛马，生杀任情，十分残酷。

雍正二年（1724），

云贵“仲苗”土司作乱。

平叛后，雍正四年（1726）十二月

苗疆开始大规模推行“改土归流”，

即将西南边疆少数民族聚居地的世袭

土司制废除，改任中央委派的流官。

初时云贵总督鄂尔泰与雍正确定以政治安抚为主，

军事武力征服为辅的策略，

执行过程中发现“剿抚结合，二者不可偏废”，

主张“剿在抚先，抚以善后”。

经过十年的不懈推进，西南六省基本完成改土归流，

同时兴修水利、修桥通路、设学校、行科举，

西南百姓受惠深远。

“土司属民亦是朕的赤子，

朕心深为不忍！”

羈縻

『羁縻』指牵牛马的绳子。由于边疆地区位置偏远，交通闭塞，语言不通，古代中央政府难以对其实行直接有效的统治，便通过任命当地土司的形式进行间接统治，就像拿绳子牵着牛马一样。

奏折政治
与
密探政治

清代的“题本”是地方官员公开呈报的公文，

而“奏折”是密报皇帝个人的信件。

雍正时期拥有密奏权的官员达一千多人，

皇帝要求大小官吏无论何等见闻，

都需毫无隐瞒地上报。

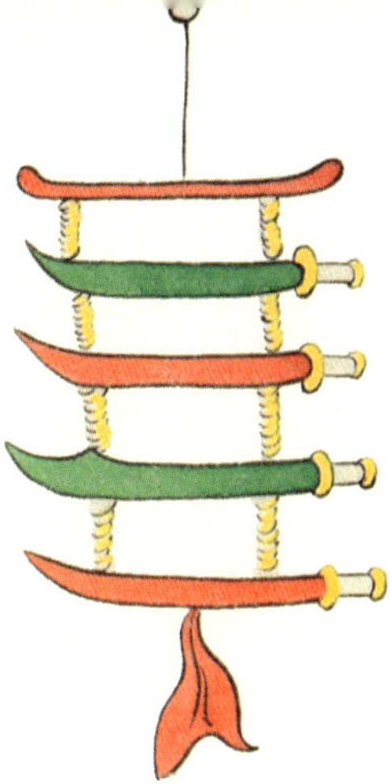

奏折由皇帝亲自开封，

保持单线联系。

雍正批阅时互相对照，

可以确认是否虚报，

并顺便观察官员的才能人品。

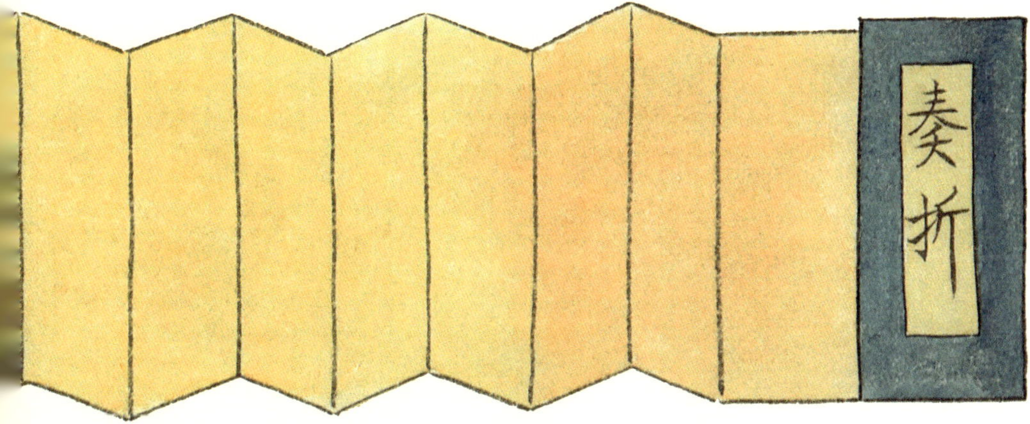

另外，雍正还有一个特殊的机构——“粘杆处”。

早在雍王府做四阿哥时，

喜静畏暑，常命家丁操杆粘蝉。

这些人在庭院内外溜达抓蝉，

顺便被委派探查“八卦”，

渐渐就成了专职的特务机构。

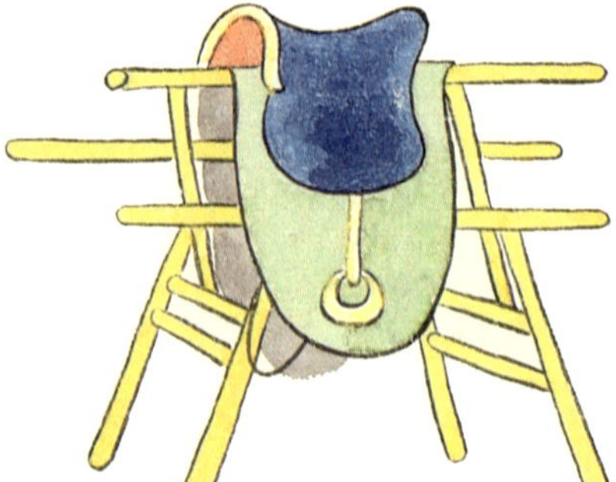

『不可通同欺避，即使尔阖省一气共相隐瞒，朕亦另有访闻之道凡百处。』

雍正登基后，

粘杆处总部仍设在龙潜禁地雍和宫，

并在紫禁城御花园堆秀山御景亭设分部，

用来探查京内外臣子的活动，

把政敌比作蝉一样来撒网捕捉、加以控制。

奏折是地方官与雍正之间的个人密信，
无论写得多糟糕也很少为此受处罚，
然而皇帝的痛骂滚滚而来，跃然纸上。
比如朱批：
“下愚不移，无可救药，尔之谓也。”
“即禽兽不如之谓也！”
“可谓良心丧尽，无耻之小人也！”

军机处

雍正五年（1727）清朝准备对准噶尔部用兵，

雍正七年（1729）正式出兵。

在此期间雍正设立军机处，协助处理军务。

军机处设有军机大臣，

从大学士、尚书和亲贵中指定。

大臣之下设军机章京，

由内阁、翰林院、六部等处的年轻文臣选充，

其下不设胥吏。

两种职务都是兼职，升转仍在原衙门进行。

这些人纯粹是天子的智库，根据旨意，草拟文书。

战事结束后雍正保留了军机处，

实际成为帝国最高行政中心，

处理公务机密而高效，

上谕形成后，不经过内阁，绕开六部，

由军机处直接发给有关官员。

至此中国古代帝王专权达到了极致。

“别废话，把一切都交托给朕！”

清朝中央组织架构

清朝中央分中枢部、佐理部和帝室部三类。

中枢部

军机处、内阁、六部（吏部 、户部 、礼部、兵部、刑部、工部）

佐理部

都察院、大理寺、理藩院、翰林院、通政司、国子监、钦天监

宗人府、内务府、詹事府、太常寺、
光禄寺、太仆寺、鸿胪寺、太医院
帝室部

用人是头等大事

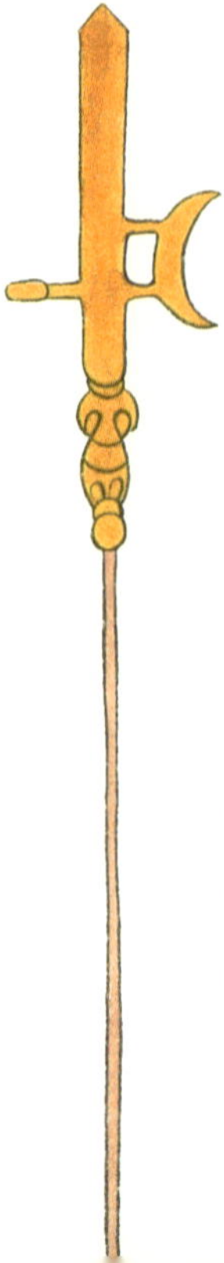

雍正认为“治天下唯以用人为本，

其余皆枝叶事尔。”

他在用人上不拘泥成法，注重才干胆识，

他的封疆大吏田文镜不是科举出生，重用时已经六十一岁；

李卫甚至大字不识几个，奏折都要别人代写。

“朕就是这样汉子！就是这样秉性！就是这样皇帝！

尔等大臣若不负朕，朕再不负尔等也！”

他欣赏有个性的官员，

厌恶庸碌无为、只会拍马屁的人。

有官员在奏折上表决心：“努力做到清正廉洁！”

雍正帝讽刺他：“你对自己的要求也太低了，

当官本该清正廉洁，这话用你说？”

他对官员的基本要求是“清、慎、勤”，

认为官员懒政、渎职、不作为就是误国误民，零容忍。

因此雍正朝官员升降免职非常频繁。

“明镜铁汉”

雍正赏识的知己汉子

爱新觉罗·胤祥

康熙帝十三子，性侠义，忠君奉公。封和硕怡亲王，雍正最信任的弟弟、最得力的治国辅助。去世时四十四岁，雍正将其名“允”字改回“胤”字。怡亲王爵位世袭罔替，成为清朝第九位铁帽子王。

张廷玉

汉大臣，进士，大学士张英次子。保和殿大学士、军机大臣。性机敏谨慎、博闻强记。擅写上谕，每天工作量极大，是雍正一日不可或缺之人。八十四岁去世，雍正遗诏配享太庙。

鄂尔泰

满洲镶蓝旗，举人。云、贵、广三省总督。参与改土归流，事功卓越。保和殿大学士、军机大臣。识大局，顾大体，有胸襟眼界。雍正有感“朕含泪观之，卿实为朕之知己”。六十六岁去世，雍正遗诏配享太庙。

李卫

汉人，捐资员外郎。浙江总督、兵部尚书、直隶总督。性刚直、忠勇，不畏权贵。擅长盐政缉盗。雍正夸他“为人处世行得正、坐得端”。体察民间疾苦，受百姓爱戴，浙江科举即李卫建议下得以恢复。五十一岁去世，乾隆按总督例祭葬。

田文镜

汉军正蓝旗，监生。河南山东总督、太子太保兼总督。性严苛，干练清廉，是新政的强力推行者，雍正树立的“模范疆吏”。七十二岁去世，死后无余财。立碑、入开封贤良祠。

文字狱

清朝为满族入主中原，神经紧绷。

雍正朝的汪景祺、钱名世、查嗣庭等都因为文集、

诗词甚至试题的文字牵连获罪。

这些文人以浙江籍居多，

雍正暴怒之下甚至命令取消过浙江的科举。

浙江籍大儒吕留良认为“华夷之分大于君臣之伦”，有反清思想，终身不仕。

他奉行朱子学说，学问精纯，
文集是科举文人的参考书，
死后被奉为圣人，立有祠堂。

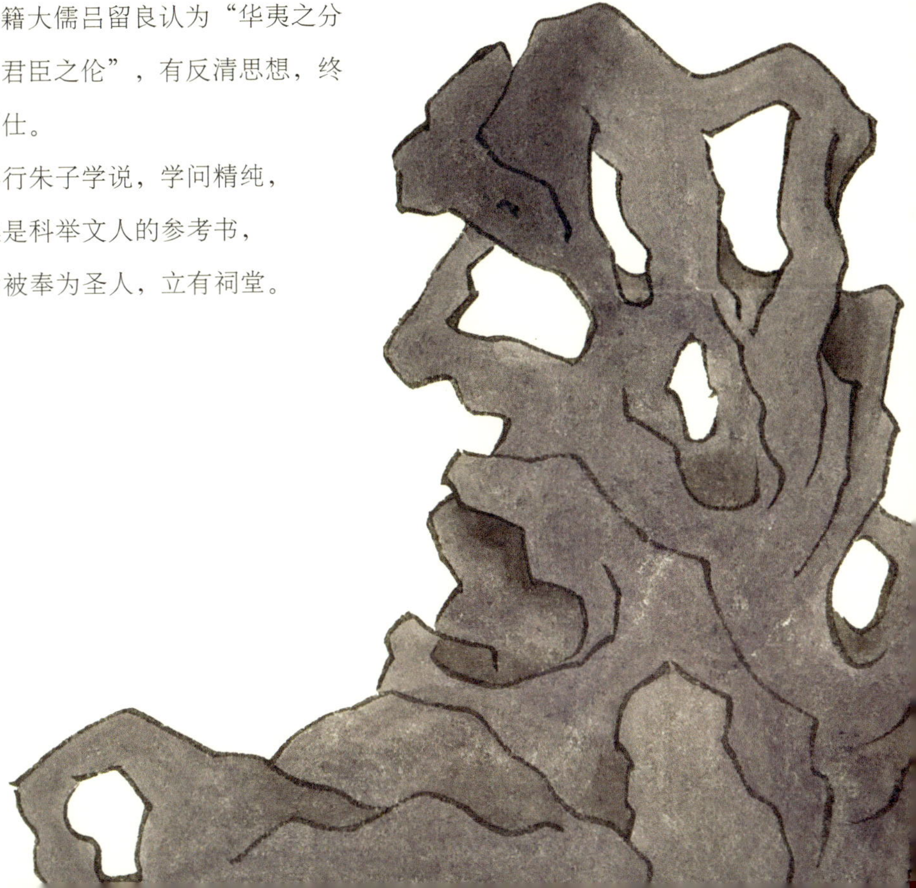

雍正十年（1732），在吕留良死后四十九年，

他被钦定“大逆”罪名，遭开棺戮尸枭首，

遗著全部焚毁，其子和族人俱诛，

孙辈发往宁古塔为奴，

亲戚、弟子广受株连，死者甚众。

“明亡于流贼之手。非我亡明，我朝为拯救生民而治中国。若因异族而不可，经书中不亦记载舜为东夷之人？忠义乃圣人所教万世不变之道。”

皇帝与小民大辩论

引发吕留良案的是曾静，

一个迂腐的偏远乡村书生。

他视吕留良为精神偶像，

还道听途说了一些被流放的八爷党徒所散布的“宫闱杀父夺嫡”流言。

他派学生张熙去投“逆书”，

列举雍正十大罪状，

异想天开地鼓动川陕总督岳钟琪反清。

雍正帝亲自上场一条一条御笔反驳“罪状”，

并提出“忠义超越民族”的观点来驳斥吕氏

的“华夷之分”。

他还将大批御笔亲批的奏折和朝廷复审
的案卷给曾静阅读，用事实说话。
辩论完全是碾压式的，
曾静迅速在精神上缴械投降、忏悔流涕，
皇帝大获全胜。

雍正七年（1729），雍正命人将与曾静的问答编为《大义觉迷录》刊行全国，务必“人人观览悉之”，将所有不利于他的舆论公开，进行大批判。

同时雍正赦免了曾静、张熙，
让二人组成宣讲团，
去江宁、杭州、苏州等地巡回演讲，
现身说法。

“遇此种怪物，不得不有一番出奇料理的手段。”

古来第一劳模帝王

雍正每天四点起床，读先帝实录和宝训；

六点官吏上班；

七点会见大臣，看题本，商议政事，经常会延至午后；

下午召学者讲经书历史；

晚上用来批阅各地官员的奏折，亲手书写谕旨。

他奉行“今日事今日毕”，

每日批阅二三十份，

多的话有五六十份，

常常工作到凌晨。

清宫档案记载一年里雍正只在生日那天才休息，

当政期间每天的睡眠不足四小时。

雍正朝现存的汉文奏折三万五千余件、满文奏折六千六百余件，

共计四万一千六百余件。

在位十三年间雍正一共朱批了一千万字，

平均下来他每天要手写近三千字。

雍正相信这是令满人稳固清朝基业的唯一方法。
官员们常常被“工作狂”皇帝驱使得不堪重负，
鲜有理解深夜大殿龙椅上的疲倦和孤单，
雍正曾有诗：“九重三殿谁为友？皓月清风作契交。”

“朕立志以勤先天下，
天下凡大小臣工奏折，
悉皆手批，外人亦不信。”

圆明园里的模仿秀

雍正三年（1725），先帝服丧期满，

皇帝开始到圆明园居住和理政。

雍正诗集名为《四宜堂集》，

取意圆明园“春宜花，夏宜风，秋宜月，冬宜雪。”

执政十三年连热河行宫都没去过的勤勉皇帝，

少数的闲暇娱乐都寄托在这座御园中，

在这儿雍正放开怀抱，以自己的方式找乐子。

故宫博物院收藏的《雍正行乐图》里，
他是山间老农、也是抚琴高士，
时而是仙人乘槎，时而是道士斗龙，
更有化身偷桃的东方朔、采菊的陶渊明，
甚至手持钢叉、洋装假发的打虎英雄！
古贤雅士和神话人物一应俱全，
堪称模仿秀始祖。

后妃们也扮演起各种古代女仙，

被画入了行乐图。

连狗狗们都有角色扮演，

雍正亲自为爱犬“造化狗”和“百福狗”

设计了老虎装和麒麟装。

完美主义者的审美意趣

雍正注重生活品质，

日用服饰和器物文玩追求完美精致，

完全是个细节控，容不得一点瑕疵。

他热衷构想各种奇巧物件或居室设计，

比如他要求按十二个时辰光线的不同，

制作不同的眼镜，按时佩戴。

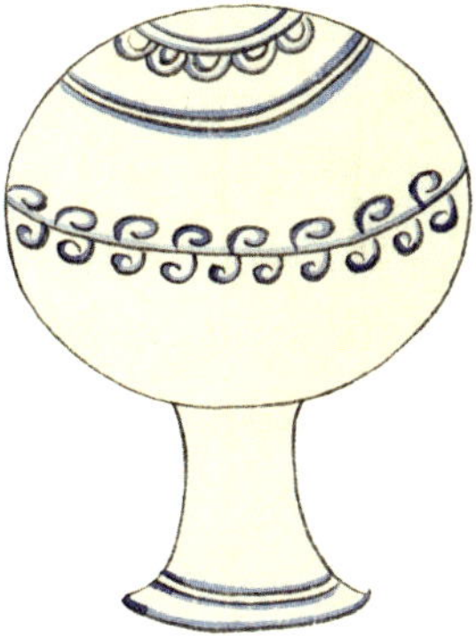

雍正的藏画、御制瓷器讲究“素净清雅”，

显示了他审美的简约和纯粹。

他在书法上造诣很深，喜欢汉文化，

同时对西方艺术也感兴趣，

愿意带上假发卷来一幅西洋油画肖像。

他让郎世宁担任宫廷画师，

留下了中西交流合璧的作品。

透视法就是在雍正朝流行开来的。

谢幕之谜：
过劳死？丹中毒？

雍正年轻时好佛、崇道。

晚年更是把道士请进圆明园为他炼丹，

对道家的长生术痴迷。

雍正十三年（1735）八月二十二日晚上，

宫中急召诸王、内大臣及大学士觐见，

张廷玉第一个赶到，

当时两位年长皇子都在，

雍正已是弥留。

张廷玉“惊骇欲绝”，因为他前一天还见过皇帝，未见异常。

二十三日凌晨（1735年10月8日）雍正皇帝在圆明园九州清晏寝宫去世，终年五十八岁。

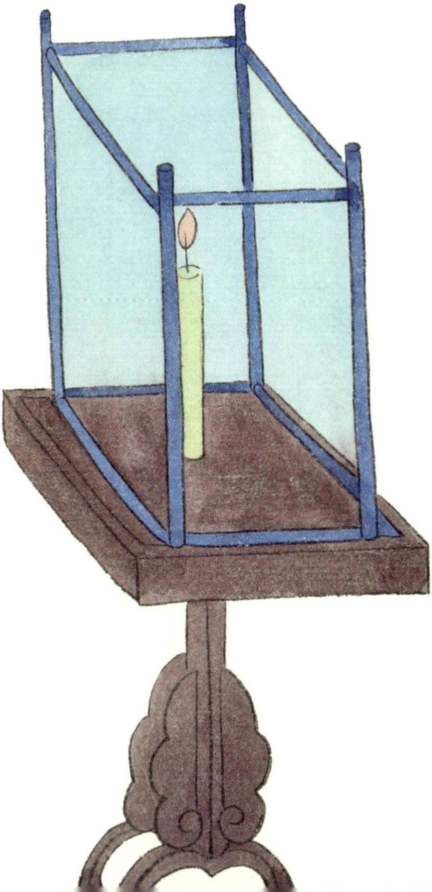

帝国的移交完全按照雍正早已准备好的密诏密旨进行，
宝亲王弘历的继位毫无争议、一丝不苟地完成。
乾隆还未正式登基，就传谕驱逐了宫中所有道士，
而雍正帝的死因一直成谜。

法国启蒙思想家伏尔泰认为，

雍正皇帝是中国历代帝王中最贤明、最宽厚的一个。

他爱法律、重公益，不遗余力地鼓励农事。

他是全国首席哲学家和首席大祭司。

在雍正的有效管理下，所有的公共建筑、交通要道、河流、

连接帝国的运河都得到了维护，工程宏大又省钱。

雍正发布的诏书邸报发往全国各地，

是当时世界上最可靠实用的报纸。

伏尔泰描绘了一幅中国人完全陌生的素描：“雍正帝正在力争打造一个现代化、人性化的行政体制。”

手绘古人的一生

雍正
传说中的四阿哥

陈骁 编
宋思维 绘

图书在版编目（CIP）数据

雍正：传说中的四阿哥 / 陈骁编；宋思维绘 .
-- 南昌：江西美术出版社，2022.9
（手绘古人的一生）
ISBN 978-7-5480-8749-6

Ⅰ . ①雍… Ⅱ . ①陈… ②宋… Ⅲ . ①雍正帝
（1678-1735）—传记—图集 Ⅳ . ① K827=49

中国版本图书馆 CIP 数据核字 (2022) 第 128468 号

出品人：刘　芳
责任编辑：姚屹雯
助理编辑：叶朋辉
责任印制：谭　勋
书籍设计：韩　超　先鋒設計

出　版：江西美术出版社
地　址：南昌市子安路 66 号
邮　编：330025
电　话：0791-86566309
网　址：www.jxfinearts.com
经　销：全国新华书店
印　刷：浙江海虹彩色印务有限公司
版　次：2022 年 9 月第 1 版
印　次：2022 年 9 月第 1 次印刷
开　本：710mm×1000mm　1 / 32
印　张：4.25
ISBN 978-7-5480-8749-6
定　价：48.00 元